Les

Fléaux de la Peinture

É. DINET

Les Fléaux de la Peinture

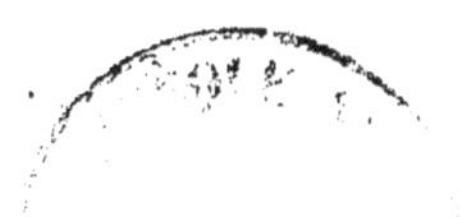

OBSERVATIONS

Sur les Vernis, les Retouches et les Couleurs

PRÉFACE

DE

Georges LAFENESTRE

Membre de l'Institut,

Conservateur des Peintures au Musée du Louvre.

PARIS

E. REY, LIBRAIRE

8, BOULEVARD DES ITALIENS

A MONSIEUR

Georges LAFENESTRE

Membre de l'Institut,
Conservateur des peintures au Musée du Louvre.

Cher Monsieur,

Je prends la liberté de vous dédier respectueusement ces quelques notes relatives à la conservation des tableaux, pour les mettre sous le patronage de celui qui est comme le tuteur légal des œuvres des maîtres et qui, par la propagande d'un enseignement où l'historien est formé d'un savant et d'un poète, s'est employé plus utilement que personne à les faire mieux connaître, comprendre et aimer.

Ces remarques ne sont guère que de

simples observations d'un peintre qui s'est toujours particulièrement préoccupé des questions de la technique, considérant que le bon métier est une des bases les plus solides de l'art.

Elles ont été notées, au cours d'une carrière déjà longue, par une expérimentation continuelle, et avec le concours indispensable du temps.

J'ai eu surtout, en me décidant à les répandre, l'intention d'en faire profiter, sinon mes confrères qui sont à même de faire individuellement les mêmes expériences pour leur propre compte, du moins les amateurs, les collectionneurs et ceux qui sont chargés de la conservation des collections publiques, pour lesquelles il n'existe aucun enseignement à la fois technique et pratique.

Ce petit essai ne leur donnera pas précisément des recettes, mais il pourra les mettre au courant de certaines conditions et de certains états des ouvrages peints, les faire réfléchir et les guider dans le sens des résolutions prudentes et d'ordre pratique.

Je serais très honoré et très reconnaissant, cher Monsieur, si vous vouliez bien couvrir de l'autorité de votre nom ce modeste opuscule d'un peintre et le recommander ainsi près des jeunes générations qui vous suivent, et pour lesquelles votre œuvre est une leçon fécondante et votre carrière un grand exemple.

Votre bien respectueusement dévoué.

E. DINET.

Marseille, 16 mai 1904.

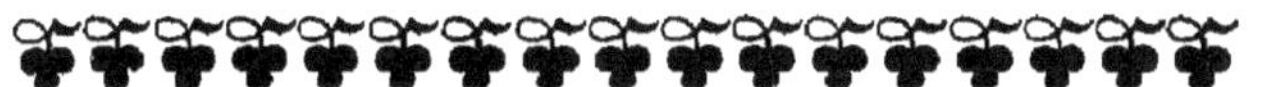

LETTRE A M. DINET

Cher Monsieur,

Vous désirez inscrire mon nom en tête de votre petit traité, si clair et si judicieux, sur les *Fléaux de la Peinture?* Vous voulez donc renouveler en moi toutes mes surprises douloureuses de voyageur et d'amateur, toutes mes inquiétudes et angoisses quotidiennes de conservateur? Car, hélas! il n'est pas une salle de notre cher et admirable Musée du Louvre où l'on ne doive s'arrêter, en gémissant, devant quelque infortunée victime de ces fléaux, où l'on ne puisse déplorer à la fois l'extraordinaire fragilité de l'art exquis et noble que vous pratiquez, en même temps que notre impuissance à conjurer, le plus souvent, les progrès fatals de tous les dangers qui l'assaillent et de toutes les maladies dont il souffre !

C'est une loi générale, sans doute, que tous les êtres et toutes les choses soient d'autant plus caducs et périssables qu'ils sont plus sensibles et plus charmants. De tous les arts du dessin, la peinture n'est-elle pas le plus varié et le plus souple, et, partant, le plus apte à exprimer les conceptions les plus hautes de l'imagination comme les émotions les plus subtiles de la sensibilité? Rêves et pensées, visions et passions, idéal et réalité, beauté et vérité, la peinture, en son langage plastique et coloré, harmonieux et rythmique, nous peut tout dire, ou plutôt tout représenter, évoquer, réaliser successivement ou du même coup. La musique seule, dont elle emprunte le vocabulaire, pour la rapidité et la vivacité de la transmission sensuelle, pour la multiplicité et l'étendue des communications suggestives, lui peut être comparée et rivalise avec elle. Mais par quelles fatalités de toutes sortes, intervention obligatoire d'interprètes inégaux, rareté et briéveté d'une exécution fugitive, ensevelissement rapide dans l'oubli des temps par les changements du goût, cette délicieuse, cette divine musique expie-t-elle l'enivrement irrésistible de ses triomphes passagers ?

La peinture, et surtout la peinture mobile, de chevalet, sur bois ou sur toile, celle qui vous préoccupe, est sujette à d'autres malheurs. Le tableau, tel que nous le comprenons aujourd'hui, lui aussi, est un être vivant. Dès sa naissance, il souffre, et toute son existence, plus ou moins longue, n'est qu'une souffrance jusqu'à la mort. Sa naissance, sans parler des tortures intellectuelles qu'elle impose à son créateur, est déjà troublée par mille inquiétudes matérielles. Sitôt que la brosse et les pinceaux ont mêlé les couleurs sur la palette, les ont juxtaposées et superposées sur la surface molle ou rigide, le travail chimique et physique de leur décomposition commence : il ne s'arrêtera plus. L'apparition immédiate des embus, qui altère brusquement, brutalement, bêtement, pour des semaines ou des mois, l'image évoquée par l'artiste et qu'il a cru fixer, ne l'avertit que trop des dangers futurs et des menaces inévitables. Le nouveau-né vagit encore ou sommeille dans l'atelier, et déjà il le faut entourer de précautions : le froid, le chaud, le sec, l'humide, l'ombre, la lumière même, cette lumière dont il vit, pour laquelle il vit, lui deviennent également des périls, s'ils ne lui sont répartis avec prudence. Que sera-ce donc lorsque l'œuvre, arrivée à maturité, passera par des mains trop diverses pour être toujours attentives, sous des températures changeantes, dans le va-et-vient et la poussière des déplacements, colportée de l'atelier dans les Expositions, des marchands chez les amateurs, des cabinets dans les musées !

Contre tous ces dangers incessants auxquels l'exposent, à la fois, sa propre matière, les caprices des climats et les négligences des hommes, ne faut-il pas, autant qu'on peut, le défendre et le protéger? C'est alors que, pour le cuirasser, on le revêt d'un vernis plus ou moins diaphane, incolore et léger. Malheureusement, si diaphane, incolore et léger qu'il puisse être, le vernis le plus pur ne l'est jamais assez et ne le reste pas bien longtemps. Sous cette couche vitreuse qui s'assombrit d'elle-même et noircit plus encore par les additions poussiéreuses, tantôt se déclare et s'accélère la fermentation intérieure des couleurs irrégulièrement desséchées, tantôt s'ajoute aux crevasses de la pâte une nouvelle craquelure. Combien de temps la peinture garde-t-elle son premier aspect, celui que l'artiste s'est efforcé de lui donner comme l'exacte et vive expression de son intelligence et de son âme ? Déjà, de notre temps, d'une Exposition universelle à l'autre, qui n'a pas constaté, avec surprise et douleur, sur les mêmes toiles, tous les dix ans, la marche dévastatrice et implacable de ce fléau ? Pourtant, il ne s'agit là que d'œuvres contemporaines ! Que diraient donc les vieux maîtres des xve et xvie siècles, les plus savants en leur métier, les plus consciencieux en leur pratique, s'ils pouvaient revenir ? En cherchant, sur nos murs, leurs ouvrages les plus tendrement soignés, n'éprouveraient-ils pas, presque tous, cette angoisse glaciale dont le vieux Théramène menaçait Thésée devant le cadavre d'Hippolyte, lorsqu'ils verraient

> ... leur *chef-d'œuvre* expiré
> Ne laisser dans leurs bras qu'un corps défiguré,
> Triste objet où des dieux triomphe la colère,
> Et que méconnaîtrait l'œil même de son père?

Tôt ou tard, en effet, arrive un moment où ce vernis protecteur et bienfaiteur, ce vernis désiré et désirable, devient, lui aussi, soit le complice fatal d'une lente destruction, soit, tout au moins, l'agent irrésistible d'un assombrissement progressif sous lequel vont s'éteindre, dans une fausse harmonie, négative, d'obscurité sourde et impénétrable, la vivacité des formes et la clarté du coloris, tous les jeux, toutes les expressions des reliefs et de la lumière.

Vous avez, cher Monsieur, en artiste délicat et praticien expert, habile aux analyses exactes et aux diagnostics savants, déterminé avec précision toutes les maladies auxquelles sont sujets les ouvrages de peinture. Vous avez dû, par malheur, constater, en même temps, avec tristesse, que, dans les musées comme dans les hôpitaux, la pathologie a fait plus de progrès que la thérapeutique, la chirurgie plus que la médecine. Contre les altérations fatales de la matière pittoresque, couleurs et vernis, on ne peut guère préconiser, là comme ailleurs, qu'un seul régime, le régime préventif et hygiénique, préventif surtout, durant le travail, hygiénique, après l'achèvement. Mais, préventif ou hygiénique, combien ce double régime est difficile à bien suivre! D'une part, et dès le début, comment s'assurer de la pureté des couleurs, de l'innocuité des vernis, manipulés et fournis par des fabricants d'une expérience inégale et d'une probité variable? Comment surtout résister à l'obligation imposée par la mode, par la coutume des expositions immédiates, l'impatience des amateurs, l'ignorance du public, les exigences du commerce, cette détestable obligation de vernir précipitamment la toile à peine couverte, sans qu'elle soit sèche, parmi la poussière et les chocs des transports, emmagasinages, accrochages et décrochages?

Ah ! nous ne sommes plus au temps des viriles patiences et des achèvements consciencieux, alors que le premier devoir de l'apprenti peintre était d'apprendre à fond tous les secrets du métier, qu'il préparait lui-même ses panneaux et ses toiles, et broyait lui-même ses couleurs, sur une table de marbre, dans le coin de l'atelier ! Qui donc pourrait avoir, de nos jours, le loisir et la patience, comme Giotto, comme Van Eyck, comme le Titien et tous les autres, de laisser, lentement, à plusieurs reprises, sécher au grand soleil, pour s'y imprégner longuement d'une harmonie sereine et d'une lumière profonde, leurs panneaux, successivement et progressivement travaillés à plusieurs couches, par hachures ou glacis ? Nous savons, par Giacomo Palma, que son maître, le Titien, après l'ébauche, interrompait toujours son travail, pour faire sécher la toile en plein air ou dans l'atelier. On connaît l'anecdote du paysan qui se découvre, de loin, en apercevant le portrait de Paul III, exposé au soleil, sur une terrasse de Bologne. « Il retournait ensuite ses tableaux contre le mur et les y laissait parfois quelques mois sans les regarder; puis, lorsqu'il voulait y appliquer de nouveau le pinceau, il les examinait avec une rigoureuse attention, comme s'ils avaient été des ennemis mortels, pour voir s'il leur pouvait trouver des défauts. Et à mesure qu'il découvrait quelque chose qui ne fût pas d'accord avec sa délicate conception, comme un bienfaisant chirurgien, il médicamentait le malade, sans compatir à sa douleur... Cela fait, en attendant encore que le tableau fût sec, il passait à un autre et faisait de même... Et il ne fit jamais une figure du premier coup, disant que le poète qui improvise ne peut faire un vers savant ni bien rythmé! Mais l'assaisonnement des dernières touches, pour lui, c'était d'aller de temps en temps les fondre avec des frétillements des doigts sur les extrémités des chairs, en les rapprochant des demi-teintes et en fondant une teinte avec l'autre... » S'il en reste quelques-uns, parmi nos contemporains, qui aient le courage de suivre ces grands exemples et sachent résister à la manie des prompts vernissages, nous les reconnaissons vite aux Expositions rétrospectives. Nous retrouvons, alors, leurs seules œuvres intactes, doucement et régulièrement harmonisées par la lente caresse du temps, tandis que les toiles voisines semblent toutes déjà vieillies, assombries, ridées, attristées, éteintes, comme les visages, frais naguère, de mondaines jeunes encore, mais déjà fanées par l'usage précoce des poudres et des fards.

Sans doute, le premier régime de précautions minutieuses qu'il faudrait suivre, pour s'épargner une décrépitude prématurée, paraîtra bien rigoureux à la plupart. Vos prescriptions, sur ce point, sont d'une sévérité terrible. La liste que vous établissez des matières interdites, lors même qu'elles sont pures, ne comprend pas moins de quinze couleurs, parmi lesquelles plusieurs des plus communément employées et des plus attrayantes. Mais à quelles privations ne peut-on pas s'astreindre, lorsqu'il s'agit d'assurer à son œuvre, à l'enfant de ses espérances et de ses angoisses, une robuste et longue vieillesse, comme à son propre nom la survie d'une lointaine illusion d'immortalité?

Pour le régime d'hygiène à continuer, après la croissance et durant les déplacements, exhibitions et autres aventures, si vos ordonnances, dictées par l'expérience, sont d'une sagesse irréfutable, elles ne sont guère plus faciles à suivre avec rigueur. Quelles que soient la compétence et la diligence des divers et successifs détenteurs d'un tableau, marchands, amateurs, conservateurs, comment espérer que, durant plusieurs siècles, il ne se trouve jamais exposé, suivant les climats et les circonstances, à quelques surprises atmosphériques, à quelques chocs imprévus et autres accidents? Il lui faudra bien, alors, des soins spéciaux et une médication urgente, lors même qu'il aurait, par exception, échappé aux infirmités habituelles, conséquences fatales pour toutes les peintures de leur longévité même et de l'usure intérieure et extérieure par l'action du temps!

Devra-t-on, comme le voudraient quelques-uns, les plus délicats sans doute et les plus passionnés de l'art, mais aussi les plus égoïstes, renoncer à tout essai de sauvetage et n'opposer, en désespoir de cause, nulle résistance à ces atteintes du sort? Bref, laissera-t-on, suivant l'avis d'un d'eux, les vieux tableaux, comme les vieilles gens « mourir de leur belle mort »? Ce grand désintéressement, ce désintéressement inactif qui semble, au premier abord, une résignation héroïque, pourrait bien n'être, assez souvent, qu'un aveu dissimulé d'indifférence pour le prochain ou celui d'une prudence, trop avisée, craignant la peine d'un effort ou le poids d'une responsabilité. En tout cas, cette attitude inerte ne saurait être celle d'un artiste soucieux de son propre renom et respectueux admirateur de ses maîtres dans le passé, ni celle d'un amateur ou conservateur, dont le désir, comme l'obligation, doit être de transmettre, aussi entières et complètes que possible, à la postérité, toutes les nobles jouissances de beauté et de vérité qu'ils ont eux-mêmes héritées de leurs ancêtres.

Devant une menace de prompte agonie, il faut donc bien, au pied du chevalet où va s'éteindre un tableau, comme au chevet de la couche où pâlit le malade, appeler, coûte que coûte, le chirurgien et le médecin. Le chirurgien, dans nos affaires, c'est le rentoileur, le médecin, c'est le restaurateur. Beaucoup de ces praticiens, comme vous le dites, sont très consciencieux, souvent fort habiles, parfois aussi très dangereux, d'autant plus dangereux qu'ils sont plus passionnés de leur métier, comme ces vieux loups d'hôpitaux qui tranchent et coupent, décousent et recousent avec sérénité, en pleine chair d'homme, par amour de l'art et entraînement professionnel, sans trop d'urgence parfois, ni garantie des suites. Tant qu'il ne s'agit, pourtant, que de chirurgie, rentoilage ou parquetage, le danger, si l'homme est expert, n'est jamais bien grand. Il n'en va pas de même lorsque le médecin, c'est-à-dire le restaurateur, doit s'en mêler. Le péril pour le patient s'aggrave d'autant plus que son mal est plus compliqué et que les médicaments prescrits sont plus nombreux. Comme vous le constatez, il est d'abord une opération qu'en certains cas, au bout d'un certain temps, pour la plupart des tableaux, on ne peut guère éviter, le dévernissage. Mais, hélas ! comme vous le constatez aussi, le dévernissage, déjà délicat à pratiquer sur les peintures les plus égales et lisses, celles, par exemple, des consciencieux et savants ouvriers du xve siècle, devient forcément destructif et meurtrier alors qu'il s'applique aux peintures plus travaillées des époques suivantes. Ici, les mélanges et superpositions d'empâtements et glacis, forment de telles cavités et saillies, que les unes conservent obstinément, dans leurs profondeurs, les salissures et les noirceurs des anciens vernis, tandis que les autres s'émoussent, s'abaissent, s'aplatissent sous le frottement du pouce ou la morsure des agents chimiques, au risque de faire perdre à l'œuvre désaccordée tous ses accents de vie et d'expression. On l'a bien vu, tout récemment, au pavillon de Marsan, lors de l'exposition des Primitifs, et il est trop facile d'en trouver, à chaque pas, des preuves, dans tous les musées, même chez nous. Notre Louvre, cependant, n'a cessé de résister à cette fureur de nettoyage à outrance qui sévit, depuis plusieurs années, dans le monde, rage plus dangereuse encore peut-être que la rage d'autrefois à laquelle elle succède, celle des vernissages indéfiniment superposés et des retouches à l'huile inconsidérées et multipliées. Sous ces couverts, du moins, l'œuvre primitive, quoique voilée et tachée, pouvait rester intacte et laisser l'espoir d'une résurrection. Par l'habileté des nettoyeurs fanatiques, doublés de restaurateurs infatués, elle est définitivement perdue. C'est, en petit, ce qui se passe, en grand, pour les édifices historiques. Avec l'habitude qu'avaient autrefois les architectes, économes et patients, d'utiliser les anciennes constructions dans leurs constructions nouvelles, en se contentant le plus souvent de les revêtir d'une décoration à la mode, des débris suffisants pouvaient subsister qui nous conservaient la pensée et la gloire des premiers créateurs. Avec celle que prennent de plus en plus leurs successeurs, mieux outillés et mieux payés, de tout refaire quand ils restaurent, ou de tout raser quand ils reconstruisent, notre riche patrimoine d'églises, de châteaux, de palais, d'hôtels, de logis, accumulés sur notre sol durant huit siècles, est menacé d'une disparition totale et définitive. Pour en revenir à notre cher Louvre, il n'y est guère de tableaux venant des anciennes collections qui n'ait déjà, depuis le XVIe siècle, subi, à plusieurs reprises, des restaurations de diverse sorte, quand ce ne furent pas des coupures ou des agrandissements suivant les caprices des placements; il n'y en est guère, non plus, entré depuis par acquisitions, dons ou legs, qui aient pu y prendre place, sans montrer les marques, anciennes ou récentes, de quelques réparations ou apprêts. Parfois, les opérateurs semblent même s'être arrêtés tout à coup, épouvantés par les désastres qu'ils causaient. C'est ce qu'on peut voir sur la toile du Titien, l'*Allégorie* d'Alphonse Avalos, où quelques morceaux, détruits à moitié, trop noirs dans les enfoncements, trop clairs sur les aspérités, offrent, avec un pointillé artificiel, l'aspect déplaisant de linges souillés, dans les étoffes, et d'affections cutanées, dans les carnations. Les victimes de ce genre se comptent, chez nous, par centaines; elles sont plus nombreuses et plus lamentables encore dans certaines collections célèbres d'Allemagne et d'Italie. En un mot, comme vous le dites encore : « Il est plus difficile d'enlever complètement le vernis sans entamer la peinture que d'écorcher quelqu'un sans le faire crier. »

Ah ! que vous faites bien de nous conseiller, encore et toujours, une extrême prudence ! Nous y sommes bien disposés, d'ailleurs, croyez-le, autant par le sentiment de notre responsabilité que par notre respect et notre amour pour les chefs-d'œuvre confiés à notre garde ; et l'on nous a même reproché plus d'une fois, à ce sujet, notre prudence excessive comme un excès de timidité. Quant aux précautions à prendre pour la restauration ou la conservation, que vous énumérez et préconisez, nous croyons bien ne pas les ignorer, ni les négliger, mais nous vous sommes reconnaissants d'en démontrer, une fois de plus, si nettement, l'importance et d'en répandre ainsi la connaissance et la pratique.

Combien je vous remercie des termes trop flatteurs par lesquels vous voulez bien m'exprimer le désir d'associer mon nom au vôtre sur le frontispice de votre livre! Les pauvres Conservateurs sont en butte à des attaques assez fréquentes et des soupçons assez variés pour qu'il ne leur soit pas indifférent de rencontrer, chez d'excellents peintres comme vous, savants en leur métier, consciencieux dans leur art, une indulgence bienveillante et des conseils désintéressés auxquels l'indifférence des uns et la malveillance des autres ne les ont pas toujours accoutumés. Prenez-le donc ce nom, si peu protecteur qu'il puisse être! L'honneur de cette alliance restera tout entier pour moi, et ce sera, comme il arrive trop souvent, un bon livre qui fera passer une inutile préface.

Croyez, cher Monsieur, à ma très vive estime et très cordiale sympathie.

GEORGES LAFENESTRE.

PREMIÈRE PARTIE

VERNISSAGE DES TABLEAUX

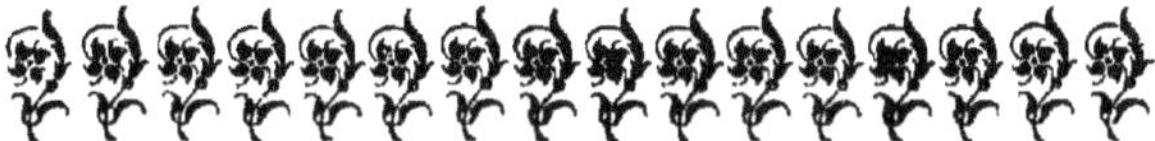

De l'action du temps sur les Couleurs et les Vernis

Tout d'abord, une question se pose: est-il bien nécessaire de chercher à empêcher les modifications que subit la peinture par le fait du temps? Les belles patines dont le temps revêt la plupart des matières, n'ajoutent-elles pas un charme incomparable aux œuvres déjà belles par elles-mêmes, et ne serait-ce pas commettre un acte de vandalisme que de chercher à entraver son action?

Les tableaux qui nous passionnent aujourd'hui n'ont-ils pas, tout aussi bien que les étoffes, les ivoires, les cuivres, les bois sculptés, etc., toutes les belles choses enfin que les siècles passés ont légué à notre admiration, acquis une harmonie que la main de l'homme avait été impuissante à leur donner, et ne serions-nous pas désillusionnés si nous les retrouvions dans leur fraîcheur primitive?

Cela nous semble probable et, si d'habiles restaurateurs étaient capables de nous rendre tout à coup les chefs-d'œuvre du Louvre tels qu'ils sont sortis de la main des maîtres, la première impression de notre œil habitué à la chaude harmonie dont le temps les a revêtus serait peut-être pénible et certainement on réclamerait à grands cris le châtiment des auteurs d'une pareille profanation.

Le scandale qui s'est produit à l'occasion de la restauration de certains tableaux célèbres en est la preuve.

Mais, à côté de ces bienfaits indiscutables, le temps apporte aussi les changements les plus fâcheux.

Couches d'un noir goudronneux recouvrant des toiles dont les couleurs et la lumière étaient les qualités dominantes; crevasses énormes, balafrant les figures et appelant pour les réparer l'ennemi peut-être le plus redoutable d'une œuvre d'art, le retoucheur imprudent.

Ce sont ces altérations qu'on pourrait aisément prévenir si l'on tenait compte de leurs causes habituelles; et c'est pourquoi nous nous sommes proposé d'en rechercher les causes en étudiant et en faisant connaître les pratiques funestes auxquelles on soumet trop souvent les tableaux et l'emploi des matières peu solides qui ont servi à leur exécution.

Car non seulement ces matières vieillissent vite, mais elles vieillissent d'une façon hideuse, et il faut bien se pénétrer de ce principe auquel il n'est pas d'exception :

« *Il n'y a que les matières solides qui sachent bien vieillir* ».

Comparez les décombres lépreux des Palais de plâtre de nos Expositions aux ruines vermeilles des temples grecs dont les marbres sont pénétrés par la lumière du soleil ou aux dentelles de pierre si glorieusement patinées de nos cathédrales!

Voyez de même ces verts, ces rouges et ces violets extraits de l'aniline, quelle fraîcheur et quelle vivacité ils montrent au premier jour; mais ils ne tardent pas tous à virer, au bout de quelques mois, en des tons louches, sourds, ternes et plombés. Comparez-les maintenant à l'éclat de vitrail acquis en vieillissant par les rouges et les verts extraits de la garance et de l'oxyde de chrome!

Comparez encore la couche opaque et goudronneuse des vernis de qualité inférieure à l'émail translucide et doré des vieux vernis au copal ou à l'ambre.

Le temps est un fin connaisseur, et quand une matière est laide, il l'enlaidit encore et la détruit avec une sorte de rage, tandis qu'il embellit et affermit celles qui sont capables de lui résister longtemps.

C'est ainsi qu'il se venge impitoyablement en moins d'une année de ces ridicules contrefaçons de son œuvre, de ces patines artificielles si malheureusement adoptées par la mode.

Quelles sont donc les causes d'altération de la peinture?

Ces altérations sont de deux sortes :

1° Celles qui sont dues à la technique défectueuse de l'artiste ;

2° Celles qui sont dues aux traitements barbares subis par le tableau après sa sortie de l'atelier.

Nous n'avons pas là prétention d'enseigner aux peintres quel est le meilleur procédé de peinture; il en est nombre d'excellents, si différents qu'ils soient entre eux. Chacun choisit celui qui convient à son tempérament.

Nous nous contenterons, en ce qui concerne la technique, de donner dans la troisième partie de cette étude un résumé de nos expériences personnelles sur les qualités et défauts des matières habituellement employées, chaque artiste pouvant tirer parti de ces observations pour le procédé qui lui est cher.

Mais comme nous avons principalement pour but aujourd'hui de nous adresser aux amateurs, aux collectionneurs et aux conservateurs de musée, autant et même plus encore qu'aux artistes, nous commencerons donc par l'étude des dangers que court un tableau au sortir de l'atelier.

Altérations dues aux traitements subis par le Tableau au sortir de l'atelier

Le tableau terminé, sortant de l'atelier, peut contenir en germe, par suite de la défectuosité de la technique employée, bien des causes de destruction, mais il est menacé par d'autres dangers plus nombreux et plus graves.

L'air, l'humidité, la chaleur, le froid, la poussière, les gaz et les fumées étant des agents de destruction bien connus, on a songé à préserver le tableau au moyen d'un isolant qui est le vernis.

Mais ce vernis lui-même produit souvent l'effet opposé à celui qu'on lui demande, et, au lieu de devenir le protecteur, il devient alors le destructeur de la peinture qu'on lui confie. Le vernis doit être d'une composition et d'une qualité déterminées, si l'on veut éviter que le remède ne devienne pire que le mal.

Dégâts causés à la Peinture par la mauvaise qualité ou l'emploi défectueux des Vernis

---

1° Obscurcissement

Certains tableaux deviennent presque invisibles sous les couches de vernis décomposés qui les recouvrent. D'où cette idée en grande partie erronée que l'huile est responsable de cette obscurité. Nous verrons plus loin que les deux seules causes du noircissement qui viennent du procédé de la peinture lui-même sont bien peu importantes si on les compare à l'obscurcissement causé par les vernis.

Tous les vernis sont altérés plus ou moins par l'air, la lumière, la chaleur et l'humidité.

Mais, tandis que les uns deviennent bruns et opaques au bout de quelques semaines d'une exposition en plein air, nous en avons expérimenté d'autres qui ont conservé intégralement leur transparence et leur brillant après avoir subi toutes les intempéries pendant plus de dix-huit mois.

Dans des conditions ordinaires, nous estimons qu'ils auraient pu résister plusieurs centaines d'années sans être davantage altérés.

Il est donc indispensable de choisir soigneusement un bon vernis. Malheureusement, les mauvais sont de beaucoup les plus usités.

2° Craquelures

Les fissures énormes qui déparent tant de tableaux sont dues parfois, ainsi que nous l'expliquerons plus loin, à la façon défectueuse dont la peinture à l'huile a été exécutée. Mais la plus grande part en est imputable aux vernis, durcissant trop vite et se resserrant, appliqués sur une peinture insuffisamment durcie.

De plus, les craquelures qui sont dues à l'erreur de l'artiste prennent, grâce au vernissage prématuré, des proportions qu'elles n'auraient jamais atteintes sans lui.

L'étude des vernis et du vernissage constitue donc la partie la plus importante d'une étude ayant pour but la conservation de la peinture.

Procédés actuels de Vernissage

Comment et avec quelles matières vernit-on les tableaux contemporains?

Chaque Exposition est précédée d'un vernissage et, si les artistes ne vernissent plus guère ce jour-là, c'est qu'ils ont été invités un ou deux jours auparavant à procéder à cette opération.

D'ordinaire, leur tableau est à peine sec, et la poussière soulevée par le déménagement des toiles et des échelles forme un nuage si épais que l'on doit employer les vernis les plus siccatifs pour l'empêcher de se fixer sur leur surface poisseuse et de recouvrir le tableau d'un linceul grisâtre.

Or, les vernis qui sèchent vite, c'est-à-dire les vernis à l'alcool ou à l'essence, se décomposent tous très rapidement. Au bout de quelques mois, ils sont devenus opaques, ternes et brunâtres.

Si bien que, pour rendre au tableau son effet, un second vernissage est déjà nécessaire. De malheureuses toiles subissent cette opération à chaque Exposition nouvelle où elles figurent, à chaque vente, et chaque fois qu'elles changent de propriétaire!

De plus, ces vernis ne gardent aucune souplesse dès que l'essence qui dissolvait leur résine s'est évaporée. Et, comme ils ont tendance à se resserrer énergiquement, ils font éclater de toutes parts la peinture qu'ils avaient pour mission de protéger.

Qu'a-t-on fait de cette tradition si raisonnable recommandant de ne vernir un tableau qu'un an, au plus tôt, après son exécution?

Cela était possible dans le bon vieux temps, alors qu'on n'était pas si pressé.

Allez aujourd'hui demander à un artiste d'exposer son tableau disparaissant sous les embus, à un amateur de patienter sous les sarcasmes de ses amis plaisantant une acquisition invisible pendant plus d'un an, jusqu'à ce qu'elle soit en état de recevoir le vernis qui la montrera sous son jour véritable!...

Moyens de remédier à certains défauts des Vernis

Le mal est-il donc sans remède? Non, assurément. Certains moyens peuvent le faire disparaître ou le conjurer en grande partie, et la plupart des écoles anciennes les ont connus et pratiqués.

Pour bien les faire comprendre, il est nécessaire d'expliquer en quelques mots les différences de composition entre le vernis et la couche d'huile agglutinant les couleurs à laquelle il se trouve superposé.

Les vernis ordinaires sont composés d'une résine dissoute dans un liquide volatil. Ce liquide, une fois évaporé, il reste une couche de résine sèche, cassante, ayant une tendance très prononcée à se rétracter.

Les huiles employées pour le broyage des

couleurs sont, au contraire, des liquides ne pouvant subir aucune évaporation ; sous l'influence de l'oxygène qu'elles absorbent, elles se solidifient lentement, sans rien perdre de leur poids, l'augmentant même du poids de l'oxygène absorbé.

Il en résulte une couche élastique, molle pendant fort longtemps. Au dire des savants, la dessiccation parfaite demanderait une trentaine d'années, dans les conditions ordinaires.

On comprendra sans peine le danger résultant pour cette couche molle de la superposition d'un vernis séchant presque instantanément et se rétractant avec violence.

Il est entendu que nous ne pouvons plus, comme autrefois, attendre un an ou deux avant de vernir et il nous faut recourir à un moyen, d'ailleurs fort ancien, atténuant la différence qui existe entre ces deux matières, et chercher à donner :

Plus de souplesse aux vernis,

Plus de dureté aux huiles.

Ce moyen, nous le trouverons dans le mélange raisonné de ces deux substances.

En ajoutant un peu de vernis résineux aux couleurs broyées à l'huile, la couche de peinture durcira beaucoup plus vite.

La seule précaution pour l'artiste sera de

faire ce mélange d'une façon assez égale pour toutes les couleurs ; le blanc d'argent seul peut contenir moins de vernis, sa nature rendant l'huile extrêmement siccative.

D'autre part, en ajoutant un peu d'huile aux résines, nous obtiendrons un vernis infiniment plus élastique.

Résultats : la résine mélangée aux couleurs constituant une sorte de vernis intérieur, il n'y aura plus d'embus, et le vernissage définitif sera presque inutile. Il suffira d'en passer une couche extrêmement mince pour égaliser l'effet, et cette pellicule de résine, assouplie par un peu d'huile, superposée à une couche de couleurs déjà très dures, n'aura plus aucun inconvénient.

Enfin nous trouvons là une partie du remède contre l'obscurcissement, l'huile protégeant parfaitement la résine contre le bleuissement des *chancis* et contre les attaques des agents atmosphériques.

Telle était la méthode bien simple employée par les Primitifs Italiens, lorsqu'ils renoncèrent à la peinture à l'œuf, par tous les Flamands, et nous pouvons juger de la solidité des résultats qu'ils en ont obtenus.

Vernissage

1° La première précaution est de choisir un bon vernis. Malgré leur ton un peu plus jaune, les meilleurs sont ceux qui contiennent un peu d'huile, dont nous venons de parler et qu'on appelle les vernis gras.

Leur ton jaunâtre ne doit pas effrayer, il s'atténue à la lumière, qui fonce au contraire les vernis à l'essence si clairs au premier abord.

Les vernis gras à employer doivent être faits avec de l'ambre ou des copals fossiles dits de Zanzibar.

Seuls ils sont durables et seuls ils devraient être toujours adoptés, à notre avis.

Mais, pour n'être pas trop absolus, nous admettons que les toiles absolument lisses peuvent être recouvertes d'un vernis à l'essence; ce vernis s'altérera rapidement, mais, le dévernissage étant facile sur une surface sans aspérités, on pourra le remplacer tous les trois ou quatre ans. Le seul danger sera d'enlever un peu du tableau à chaque dévernissage.

Dans ce cas, on peut employer le vernis au mastic pur, le seul recommandable de cette catégorie de vernis fragiles.

2° Quel que soit le vernis adopté, il est généralement nécessaire de nettoyer la toile. Pour cette opération, l'eau pure peut être utilisée, mais elle n'enlève que peu des poussières grasses accrochées à la peinture, c'est pourquoi on a l'habitude de lui adjoindre un peu de savon. Procédé exécrable.

Le savon ne pourra jamais être enlevé complètement, surtout dans les milliers de petites cavités que contient la peinture la plus lisse ; il continuera indéfiniment à attaquer les couleurs et, étant très hygrométrique, il attirera l'humidité que l'on emprisonnera sous la couche de vernis.

Or, de tous les ennemis du vernis, l'humidité est peut-être le plus redoutable ; c'est à elle qu'est dû ce voile d'un bleu laiteux, si désagréable à l'œil, qu'on appelle chancis et qui le décompose ; un tableau lavé au savon ne pourra plus jamais conserver de vernis bien limpide.

C'est aux essences de térébenthine et de

pétrole (1) qu'il faut demander ce service, mais en s'en servant avec une extrême légèreté de main, car elles sont de puissants dissolvants de la peinture.

L'avantage est qu'une fois évaporées, ce qui a lieu très rapidement, elles n'ont plus aucune action sur les couleurs dont la surface légèrement dégraissée se trouve dans les meilleures conditions pour recevoir le vernis.

Exceptant le cas d'un tableau absolument lisse, pouvant au besoin recevoir un vernis à l'essence, nous avons dit nos préférences pour le vernis gras.

Celui-ci devient indispensable :

1° Si le tableau est sombre, car seul il résistera aux chancis, désastreux sur les couleurs foncées;

2° Si le tableau contient des empâtements un peu saillants.

Dans ce dernier cas, le dévernissage devient à peu près impossible. Nous conseillons donc de choisir un vernis gras avec le plus grand soin et, l'ayant étendu de moitié d'essence parfaitement rectifiée, de l'appliquer en couche extra-mince sur tout le tableau; puis, lorsque cette première couche sera bien sèche, de

(1) Ne jamais y rajouter de l'eau.

passer une seconde couche un peu plus épaisse sur les parties sombres pour lesquelles on ne redoute pas un léger jaunissement.

Recommandations importantes

Quel que soit le vernis, ne jamais l'étendre en couche épaisse ; la partie supérieure séchant plus vite empêcherait celle qui se trouve sur la peinture de durcir et les craquellements seraient inévitables.

Le tableau ne doit pas garder traces d'humidité et la salle où l'on vernit doit être chauffée à 20 degrés environ.

Le tableau est naturellement tenu à l'abri de la poussière et de l'humidité jusqu'à parfaite dessiccation du vernis.

Cela demande quelques heures pour les vernis à l'essence et quelques jours pour les vernis gras. La chaleur et la lumière activent considérablement cette dessiccation.

Matières autres que les Résines employées pour remplir le rôle de Vernis

On a cru pouvoir remplacer les résines par quelques autres produits destinés à protéger la peinture.

Cire

Seule jusqu'à présent, la cire dissoute dans l'essence a donné d'assez bons résultats.

Elle ne jaunit pas et protège bien la peinture, qu'elle ne fait jamais craquer.

Mais elle la rend mate, lui donnant l'aspect d'une détrempe; en la frottant avec un morceau de laine, on obtient un léger luisant se rapprochant un peu du vernis.

Ses défauts sont de rendre les tons tristes et froids sans parvenir à leur donner la fraîcheur de la détrempe et de fixer les poussières lorsqu'elle est ramollie par la chaleur.

Il ne faut jamais repeindre par-dessus, les retouches n'auraient aucune adhérence.

Vernis au blanc d'œuf ou albumine
Ses dangers

Nous ne saurions trop mettre en garde les artistes et les amateurs contre les méfaits d'autres produits employés comme vernis, et surtout contre ceux du blanc d'œuf dont beaucoup de photographes ont la funeste habitude d'enduire la toile qu'on leur donne à reproduire, et cela sans excuse possible.

Si le tableau est déjà vernis, ce louche vernis qu'ils lui superposent atténuera la transparence, et, si l'artiste a préféré laisser à son œuvre l'aspect mat, cette opération fera ressortir des taches nuisibles à l'effet désiré.

Ce qui est plus grave, si le tableau est verni ou doit l'être plus tard, c'est que les suites sont désastreuses et irréparables.

L'albumine est extrêmement sensible à l'humidité. Si on ne l'enlève pas, elle décomposera en les bleuissant les vernis sur lesquels ou sous lesquels elle se trouvera et, si on cherche à l'enlever, ce qu'on n'arrivera jamais à faire complètement, l'eau savonneuse qu'on a l'habitude d'employer augmentera encore le danger.

Un tableau conservant des traces d'albumine et de savon ne pourra jamais plus être verni convenablement.

Que les amateurs et les artistes qui confient leurs œuvres à des photographes exigent d'eux la promesse qu'ils ne passeront dessus aucune de leurs drogues funestes !

Personnellement, nous avons eu entre les mains un malheureux tableau, revenant de chez un photographe, couvert d'une couche épaisse d'un cambouis noir, insoluble dans l'eau et dans l'essence de térébenthine. Seule, l'essence de pétrole en a eu à peu près raison après une journée de travail. Mais, en quelques jours, les acides de cette graisse, dont nous n'avons pu lui faire avouer la nature, avaient attaqué le vernis que nous avions passé avec le plus grand soin et qui était composé d'une gomme copal pouvant résister pendant deux ans aux effets de la pluie et du soleil.

On n'a pas oublié la mésaventure survenue à un autre photographe qui avait passé la fameuse couche d'albumine sur un tableau célèbre exécuté à la détrempe par sir Edward Burne Jones.

Voulant, après l'opération, enlever l'indispensable albumine avec la non moins fameuse eau de savon, il enleva toute cette peinture à la détrempe, soluble dans l'eau, et dut payer des dommages-intérêts considérables. Et, par bonheur pour lui, Burne Jones n'était pas mort!

Autres précautions à prendre pour la conservation de la Peinture

---

On songe rarement à protéger un tableau par derrière, et pourtant, surtout pour ceux qui sont sur toile, cela est de la plus grande importance.

L'humidité de l'air ou des murs pénètre la toile, corrompt la couche de colle destinée à empêcher l'huile des couleurs de la brûler, la moisit et fait tomber la peinture par larges plaques.

De plus, tous les frottements, les moindres coups brisent la couche de couleurs et impriment sur elle les arêtes du châssis.

Le meilleur mode de préservation consiste à tendre d'abord une forte toile préparée à l'huile, l'impression tournée du côté du châssis, avant de tendre celle qui doit recevoir la peinture.

Celle-ci se trouvera ainsi préservée de l'humidité, des chocs et, même, elle ne se détendra plus jamais, si l'on s'est servi d'un châssis de bois bien sec.

Il est également bon de clouer de petites tringles de bois tout autour du châssis. On préservera ainsi les rebords de la toile qui y sont cloués de l'usure des frottements qui finiraient par la couper.

Pour les panneaux, le très simple mode de préservation consiste à passer une ou deux couches de peinture par derrière et sur les côtés.

Enfin, lorsque le tableau n'est pas de trop grandes dimensions, on lui assure de longues années de parfaite conservation en le mettant sous verre.

DEUXIÈME PARTIE

RESTAURATION DES TABLEAUX

Dévernissage

Le tableau disparait complètement sous une couche noire de vernis opaques, de grandes fissures le sillonnent de toutes parts, et même des fragments importants se sont détachés de la toile.

Que faire? Faut-il se contenter de faire appel à notre imagination et chercher à nous figurer ce que fut autrefois le chef-d'œuvre, ou bien devons-nous essayer de soulever ce triste voile des vernis et de reboucher les solutions de continuité qui le déparent?

C'est là une des questions les plus discutées et, sur ce sujet, les avis sont partagés.

Pour les uns, il faudrait interdire absolument à une main profane de toucher soit à l'œuvre d'un maître, soit aux modifications les plus malheureuses apportées par le temps.

Pour les autres, une œuvre célèbre par sa fraîcheur et son éclat ne doit pas nous être présentée invisible sous une couche de goudron, et ceux qui l'admirent en cet état ne peuvent être de bonne foi.

A ceux qui estiment sacrilège la moindre retouche aux tableaux des anciens les plus enfumés et les plus détériorés on peut répondre :

Si nos ancêtres avaient eu les mêmes scrupules, aucun des anciens tableaux de nos musées ne serait visible. Certaines toiles invisibles déjà du temps de Vasari sont revenues à la clarté de nos jours, et celles dont la belle conservation est le plus admirée ont été toutes dévernies, et même plusieurs fois plus ou moins habilement retouchées et, pour la plupart, réentoilées.

Il est vraiment instructif à parcourir le catalogue des collections royales qui constituent le fonds même des collections du Louvre. On y lit le détail des dépenses occasionnées au XVIIIe siècle par les restaurations de tous les chefs-d'œuvre que nous admirons aujourd'hui, le prix de l'outremer employé à glacer les draperies des Rubens, etc. On se demande comment nous pouvons encore retrouver un peu de style propre à chaque maître sous de pareilles reprises.

En admirant trop l'obscurité communiquée aux tableaux par les vernis, on facilite la fabrication des vieux tableaux et les retouches qui déshonorent tant de chefs-d'œuvre.

Les maladresses du faussaire ou du retoucheur inexpérimenté sont facilement dissimulées sous une couche de vernis brun jaune, grossière contrefaçon des beaux vernis ambrés par le temps.

A ceux, au contraire, qui voudraient rendre au tableau sa fraîcheur première on peut répondre :

Il est plus difficile d'enlever complètement un vernis sans entamer la peinture que d'écorcher quelqu'un sans le faire saigner; il faut ensuite avoir recours au retoucheur pour panser ces blessures, et les dégâts causés par le temps sont moins déplorables que ceux causés par la main d'un médecin si souvent imprudent.

En effet, tout est là.

Si l'on pouvait dévernir les tableaux sans les altérer aucunement, ainsi que cela a pu se faire pour ceux de certains Primitifs à surface absolument lisse, la question serait bien simple à résoudre.

Malgré le faible que nous éprouvons pour la tonalité ambrée que les ans donnent à certains vernis, nous estimerions qu'il ne faut pas hésiter à les enlever, lorsqu'ils sont devenus par trop obscurs.

Cette chaude patine ne serait pas longue à revenir, l'âge le plus beau pour une peinture et pour un bon vernis étant, à notre avis, entre cinquante et soixante ans. Le temps déjà y a mis son charme et n'a pas encore commencé son œuvre de destruction.

Malheureusement, la plupart des tableaux supportent fort mal une pareille opération. Les glacis sont enlevés en même temps que les vernis, les empâtements sont usés et, dans les creux, les résines décomposées, n'ayant pu être atteintes, forment des sillons noirs d'autant plus pénibles à l'œil que les demi-teintes sont devenues plus claires.

Nous avons vu tel portrait de Rembrandt après qu'on l'eût déverni. Le nez, assez fortement empâté, avait été usé et semblait un nez écrasé contre une vitre, tandis qu'autour des touches représentant les narines, des ravins noirs, remplis de la crasse résineuse qu'on n'avait pu enlever, simulaient parfaitement l'ombre portée sur les chairs par un nez de carton.

Enfin, le frottement détache presque toujours des morceaux de peinture qui ne tenaient plus que faiblement au subjectile.

Le dévernisseur appelle donc aussitôt après le retoucheur.

Restaurations et retouches des Tableaux

Loin de nous l'idée d'entreprendre ici une campagne contre les restaurateurs de tableaux. Nul plus que nous n'admire les prodiges d'adresse, de patience et de goût exécutés par certains d'entre eux !

Peintures détachées de la muraille humide ou du panneau pourri, transportées sur une toile neuve et saine ; repeints exécutés par des mains sauvages, enlevés avec assez de dextérité pour nous faire retrouver en dessous l'œuvre primitive du Maître, parfaitement intacte, etc.

Nous ne leur ménagerons à ce sujet ni nos félicitations ni notre reconnaissance.

Mais, sous peine de devenir funeste, leur rôle si délicat et si difficile doit être nettement délimité.

Après avoir réentoilé un tableau, l'avoir déverni, ils ont souvent à remplir des crevasses ou des vides laissés par des parties tombées, et c'est dans cette dernière opération que trop souvent ils méritent les blâmes les plus sévères.

En effet, dans ce travail qui doit paraître si simple à tout le monde, surtout en comparaison du réentoilage et du dévernissage, ils se heurtent à une difficulté insurmontable.

La peinture avec laquelle ils remplissent cette crevasse doit contenir à peu près autant d'huile et de vernis que celle qui l'entoure, afin de bien se confondre avec elle et de présenter le même aspect.

Or, toute couleur suffisamment saturée d'huile et de vernis foncé, au bout d'un temps plus ou moins long, jusqu'au moment où elle arrive à sa dessiccation définitive.

Telle retouche, faite exactement au ton du tableau, dont les couleurs bien sèches ne noircissent plus, ne s'accordera aucunement avec elles, lorsqu'elle aura subi cet obscurcissement inévitable (1).

---

(1) Exemple : Dans le *Calvaire*, d'Andréa Solario, les chairs de l'épaule et du bras du soldat jouant aux dés paraissent marbrées d'une affreuse maladie de peau.

Ces taches, si désagréables à l'œil, sont le résultat de l'obscurcissement de retouches anciennes.

L'artiste lui-même a beaucoup de peine à reprendre un tableau interrompu depuis longtemps. Les retoucheurs savent bien cela et comme on pourrait leur reprocher de manquer les raccords faute d'avoir l'œil assez juste, afin que la retouche ne forme pas tache, ils repeignent le morceau tout entier.

Mais tout n'est-il pas préférable à une profanation aussi monstrueuse?

Figurez-vous l'effet d'une tête du Titien repeinte entièrement par une personne fort adroite évidemment, mais peut-être insuffisamment préparée à une pareille besogne !

Malheureusement il y en a trop d'exemples. Et puis, quelles facilités apportées aux faussaires fabriquant de vieux tableaux !

On voyait, dans une vente récente, un tableau de Primitif flamand où, seul, un morceau de draperie garance, oublié par le retoucheur, décélait, par son contraste, les repeints de tout le reste du tableau.

De même, un Ruysdaël, chargé d'empâtements style moderne et vieillis au moyen d'un glacis au noir d'ivoire dont le ton froid singeait gauchement la crasse brune des vernis et datait la peinture superficielle que nous avions sous les yeux de quelques années à peine.

Y avait-il un véritable Ruysdaël en dessous

soigneusement dissimulé? Nous ne le saurons jamais. Entre des tableaux authentiques retravaillés de la sorte et des faux fabriqués de toutes pièces, quelle différence peut-on établir (1)?

On voit, par ces exemples que nous pourrions multiplier à l'infini, que si les partisans du dévernissage ont quelquefois raison, les ennemis de cette opération sont bien plus souvent dans le vrai.

---

(1) Retouches et faux ne datent guère tous deux que du XIXe siècle; souvent même le faux, qui demande une plus grande habileté, paraîtra plus artistique et plus vraisemblable.

La seule chose importante pour son auteur est de choisir un panneau bien pourri pour l'exécuter, et un vernis bien foncé pour le recouvrir.

Dans quelles proportions les restaurations des tableaux sont-elles admissibles?

Nous allons chercher s'il existe un moyen terme permettant de contenter les uns sans trop mécontenter les autres.

Mettons d'abord de côté tous les tableaux qui ne sont que légèrement obscurcis par leur vernis; nous laisserons le soin de s'en occuper aux générations futures; il ne peut être question d'une lessive générale.

Pour les autres qui, vraiment, sont devenus par trop noirs ou trop ternes, nous estimons que les revernir, sans rien enlever des vernis décomposés, constituerait une opération détestable.

La désorganisation des vernis anciens se communiquant très vite au vernis nouveau, ce serait une couche de goudron ajoutée à ce pauvre tableau déjà si peu visible.

Dévernissage

Il faut donc se résigner à le dévernir, mais avec les plus grandes précautions, sans arriver jamais jusqu'à la peinture.

Les couches inférieures du vernis sont en général peu altérées, et l'idéal serait d'en laisser une pellicule très mince et très égale partout, sur les empâtements où il s'enlève trop vite, aussi bien que dans les cavités d'où il est si difficile de le retirer.

En procédant ainsi, on ne risquerait pas d'enlever les glacis ni d'user les empâtements; de plus, la teinte légèrement dorée des restes de cet ancien vernis empêcherait nos yeux d'être choqués par des couleurs trop rajeunies.

Il est vrai que ce résultat est des plus difficiles à atteindre; il faut, pour y réussir, une adresse merveilleuse et une patience à toute épreuve.

Retouches

Le tableau déverni, il reste à reboucher les fissures et à remplacer les parties détachées.

On a vu qu'il était impossible d'empêcher ces retouches de marquer en taches sombres au bout de peu de temps.

Pour parer à cet inconvénient, certains restaurateurs consciencieux se servent, dit-on, de l'aquarelle qui sèche de suite et ne noircit plus.

La méthode est bonne, mais elle est assez incommode et, excluant le blanc de ses mélanges, elle rend difficile la plupart des raccords.

Voici un autre procédé qui, avec un peu de pratique, permet de faire des retouches parfaitement invisibles et ne noircissant plus avec le temps :

« Mélanger un jaune d'œuf avec une fois son volume d'eau et une fois son volume de vinaigre; agiter et se servir de ce liquide pour détremper les couleurs à l'aquarelle, en se servant comme blanc du blanc de zinc, appelé vulgairement blanc de Chine. Peindre par couches minces et superposées avec légèreté. »

Au lieu de blanchir comme les couleurs à la gouache (couleurs à l'aquarelle avec mélange de blanc), ces couleurs fonceront en séchant comme les couleurs à l'huile, tout en devenant mates; mais, comme cela aura lieu en quelques minutes, on pourra juger de suite de l'effet.

Si le ton qui, naturellement, a dû être osé

un peu plus clair, ne s'accorde pas parfaitement avec le voisin lorsqu'il est sec, on l'enlève facilement avec une éponge, pour recommencer jusqu'à ce qu'on soit satisfait.

Comme il est plus difficile de modeler avec ce procédé, il y a moins à craindre que le retoucheur ne soit entraîné et tenté de repeindre les morceaux environnants.

On passera alors par-dessus la retouche un très léger vernis à la gomme laque (fixatif pour fusains).

Enfin, on étendra sur tout le tableau un bon vernis en suivant les recommandations données plus haut.

Si l'on adoptait la coutume d'opérer de cette façon, nous pourrions admirer les tableaux des musées dans les meilleures conditions possibles. La légère couche de vernis ancien qu'on leur laisse suffirait pour leur communiquer une chaude harmonie, et les retouches, comblant seulement les vides, ne nous révolteraient plus, car elles ne dissimuleraient que des parties de toile vides et non des parties de l'œuvre du Maître.

Nous ne dirons rien de la façon d'exécuter les autres opérations nécessaires à la restauration d'un tableau, n'ayant pas la prétention d'apprendre leur métier à des gens aussi habiles que le sont certains restaurateurs.

Que le dévernissage soit fait à l'alcool, à la benzine, à l'huile d'œuf ou au doigt, ils exigent toujours les deux mêmes qualités : la patience et une prudence extrême.

Il en est de même du réentoilage.

C'est donc la prudence seule que nous nous permettons de leur recommander, et cela d'autant plus que, s'ils renoncent aux procédés dont nous venons de faire le procès et se contentent de ceux que nous indiquons, toute erreur commise sera bien plus difficile à dissimuler.

TROISIÈME PARTIE

COULEURS — HUILES — VERNIS

Peinture à l'huile ou Peinture à l'œuf ?

On nous dira peut-être : Pourquoi ne parler que de la peinture à l'huile et ne pas rechercher d'autres modes de peinture plus solide ?

L'huile n'est-elle pas, de l'avis de tous, la cause de la disparition de bien des chefs-d'œuvre ? Tandis que d'autres, les plus anciens de tous, nous sont parvenus dans toute leur fraîcheur, grâce à une technique différente.

Parcourez les salles renfermant des fresques, des peintures à la détrempe, à la cire et à l'œuf, dont la clarté exquise nous enchante, ne forment-elles pas un contraste frappant avec l'obscurité lugubre des autres parties plus modernes de nos Musées ?

Évidemment, et nous comprenons d'autant mieux cette idée que nous l'avons partagée et que nous nous sommes longtemps servis de ces procédés délaissés.

Comme tout le monde, nous étions étonnés de voir que des artistes si consciencieux avaient abandonné avec tant d'enthousiasme des procédés aussi solides pour un procédé aussi défectueux.

Mais, par un examen plus attentif des tableaux qu'ils nous ont laissés, nous avons fini par comprendre quel mobile les avait guidés.

Nous avons constaté qu'avec la peinture à l'huile, telle qu'ils la pratiquaient, ils obtenaient une fraîcheur presque égale à celle de la peinture à l'œuf, avec l'avantage de teintes plus chaudes, plus transparentes, et de modelés plus faciles, donnant plus de vie aux figures et plus de profondeur aux paysages.

Quant à la conservation, elle était tout aussi parfaite.

Ceux qui désirent se rendre compte de la vérité de ce que nous avançons n'ont qu'à aller au Louvre et à comparer les quelques exemples suivants, pris à peu près dans la même époque et où ces deux techniques différentes sont bien écrites :

Peintures à l'œuf :

Fra Angelico. — *Le Couronnement de la Vierge.*
Ghirlandajo. — *Portrait d'un Vieillard et d'un Enfant.*
Benozzo Gozzoli (?). — *Le Triomphe de saint Thomas d'Aquin.*
Mantegna. — *Le Calvaire.*

Peintures à l'huile :

Lorenzo di Credi. — *La Vierge et l'Enfant Jésus.*
Antonello de Messine. — *Condottiere.*
Van Eyck. — *La Vierge au donateur.*

C'est à l'abandon des procédés employés par les Maîtres qui l'ont découverte que sont dus les malheurs de la peinture à l'huile.

Dans la peinture à l'œuf, qui sèche instantanément, permettant la superposition immédiate de toutes les teintes, sans le moindre inconvénient, il n'était pas possible de peindre mal au point de vue de la conservation, et, lorsque les Maîtres que nous venons de citer abandonnèrent ce procédé pour se servir de l'huile, ils n'abandonnèrent pas leurs habitudes d'exécution.

Ils peignirent toujours sur des fonds blancs, en couches minces, superposées, probablement avec des vernis et en faisant sécher rapidement et également leurs couleurs.

Primitifs Italiens, Flamands et, plus tard, Rubens lui-même n'eurent pas d'autre technique, et nous pouvons juger de leur admirable conservation.

Obscurité due a l'huile

A quoi donc attribuer l'obscurité d'autres toiles, même après leur dévernissage ?

1° A l'emploi d'une préparation foncée, qui percera toujours, quelle que soit la quantité de couleurs qui la recouvrent ;

2° A l'épaisseur des couches d'une peinture trop saturée d'huile et de vernis qui ressortent, revêtant les bleus et les blancs d'une peau si brune que les premiers se confondent avec le noir et les seconds avec le jaune ;

3° A l'emploi de quelques couleurs peu fixes qu'on aurait dû rejeter de la palette et qui joueraient le même tour par n'importe quel procédé.

Crevasses dues a l'huile

Quant aux crevasses autres que celles dues aux vernis, elles sont causées par la superposition de couleurs séchant d'une façon différente.

Le plus grand défaut de l'huile réside dans ce fait que certaines couleurs sèchent en un jour (blanc d'argent), tandis que d'autres demandent dix à quinze jours pour arriver au même degré de dessiccation (blanc de zinc, garances), d'autres même ne sèchent jamais (bitume).

Aussi, malgré l'opinion de certains théoriciens, nous pensons qu'il est nécessaire d'égaliser cette dessiccation au moyen de siccatifs très prudemment employés.

Bons et mauvais Produits
Manière de les expérimenter

Les chimistes peuvent nous fournir des indications intéressantes au sujet des réactions qui doivent en général se produire sur certaines matières et dans certains mélanges.

Mais leurs indications ne sont que des probabilités; car il est des milliers de petites causes dont ils ne peuvent prévoir les effets.

Exemple : L'interposition de l'huile et des vernis entre les particules de différentes couleurs empêchent certaines réactions, prédites par la Chimie, d'avoir lieu; ces mêmes matières précipitent, au contraire, des réactions qu'elle n'avait pu prévoir.

Laissons donc au chimiste le soin de créer de nouvelles couleurs; dans le siècle dernier, il a enrichi notre palette de tons admirables et d'une solidité à toute épreuve : vert émeraude, cadmium, violet minéral, cobalt, mars, etc., si bien qu'aujourd'hui, contrairement à l'opinion la plus répandue, nous possédons des couleurs beaucoup plus belles et plus solides que celles des anciens.

Mais, pour séparer le bon du mauvais, car, à côté des précieuses découvertes dont nous venons de parler, la science nous avait également apporté les couleurs d'aniline de si triste mémoire, expérimentons les produits qu'elle nous offre.

Ce procédé d'expérimentation est bien simple et à la portée de tous.

Les rayons chimiques de la lumière solaire, qui noircissent ou pâlissent les couleurs, sont au moins cent fois plus actifs que ceux qui arrivent aux tableaux dans l'éclairage ordinaire d'un appartement ou d'un Musée.

S'il faut cinq minutes pour noircir complètement un papier photographique aux sels d'argent exposé directement au soleil, il faudra plus de cinq cents minutes pour noircir au même degré ce papier placé contre un mur à 3 mètres de la fenêtre d'une pièce bien éclairée, c'est-à-dire dans l'éclairage ordinaire aux tableaux.

Le phénomène étant exactement le même pour les couleurs, on peut supposer que celles qui auront résisté près d'une année à la lumière solaire directe, résisteront plusieurs siècles dans les conditions ordinaires d'exposition de tableaux.

On étale donc sur une toile blanche, les unes au-dessous des autres, les couleurs que l'on veut expérimenter, pures et dans leurs différents mélanges. Puis on coupe en deux cette toile d'expériences, exposant la moitié dehors, au plein soleil, conservant l'autre dans le demi-jour de l'atelier, pour servir de talon de comparaison.

Au bout de huit mois environ, surtout si l'expérience a été faite en plein été et sur un mur exposé au midi, en rapprochant et en comparant les deux morceaux, on est parfaitement fixé sur les couleurs qu'on pourra employer et sur celles qu'il faudra rejeter.

Pour les vernis, décomposés par la lumière, la chaleur et l'humidité, la même méthode est applicable, mais l'expérience devra être prolongée; un bon vernis gras au copal doit résister près de deux ans.

Voici le résultat de nos expériences personnelles, très faciles à contrôler par le moyen sus-indiqué.

Il est d'ailleurs certains produits qu'un artiste ne doit jamais employer sans en avoir lui-même fait l'essai : excellents, s'ils ont été fabriqués consciencieusement, ils deviennent des plus dangereux dans le cas contraire.

Huiles — Siccatifs — Essences

Huiles

Les huiles le plus généralement employées sont l'huile d'œillette et l'huile de lin.

Elles ne doivent pas être clarifiées par des procédés chimiques. L'air, la lumière et le repos prolongé sont les seuls moyens de clarification admissibles.

L'huile d'œillette est la plus employée pour le broyage des couleurs, à tort, à notre avis.

Elle est indispensable pour le blanc, les bleus et les violets éclatants, étant moins jaune que l'huile de lin.

Mais les autres couleurs, surtout celles qui sont longues à sécher, devraient être broyées avec de l'huile de lin, beaucoup plus siccative, plus solide et plus transparente.

Avec certaines couleurs broyées depuis trop longtemps, l'huile forme un mélange graisseux qu'on a peine à délayer.

Les couleurs arrivées à cet état doivent être jetées, car elles ne sèchent plus jamais, font craquer et noircir la peinture.

Siccatifs

Les couleurs à l'huile séchant lentement et inégalement, on a inventé des siccatifs qui corrigent ce défaut.

De ces siccatifs, le seul qui possède des propriétés réellement siccatives est connu sous le nom de siccatif de Courtrai.

Les siccatifs flamand et de Harlem ne sont pas à proprement parler des siccatifs, mais plutôt d'excellents vernis gras, durcissant la peinture par la résine qu'ils contiennent, mais n'augmentant que fort peu sa siccativité, surtout si le temps est froid et humide.

Du siccatif de Courtrai, qui n'exclut pas l'emploi des vernis gras dans la peinture, on a dit le plus grand mal.

Les couleurs sombres plus lentes à sécher, les seules pour lesquelles il soit utile, étant celles qui se sont le plus fendillées, on l'a rendu responsable de ces fissures.

Notre avis est tout à fait contraire à cette opinion. Les formes régulières de ces craquelures nous apprennent qu'elles sont presque toujours le fait du vernis, les formes sinueuses des craquelures de l'huile ayant un aspect tout différent, et l'explication est bien simple.

Les clairs durcissant plus vite ont résisté à l'action rétractile du vernis superposé, tandis que les parties sombres, encore trop tendres, ont été facilement entraînées par lui et ont éclaté.

Notre conclusion est donc, au contraire, que si ces couleurs sombres avaient contenu un peu de siccatif, elles auraient durci et n'auraient pas craqué.

On reproche au Courtrai « d'être trop noir, d'altérer certains tons et d'enlever à l'huile un peu de sa souplesse ».

Toutes ces critiques sont justifiées ; aussi, tout en le défendant et en estimant qu'il rend les plus grands services, il convient, en l'employant, de s'en servir avec prudence. Quelques gouttes à peine dans certaines couleurs sont suffisantes, et, d'ailleurs, une plus grande quantité n'augmenterait pas la siccativité.

Essences

Les essences de térébenthine, d'aspic et de pétrole, jouant dans la peinture à l'huile le rôle de l'eau dans l'aquarelle, doivent être parfaitement rectifiées et ne laisser aucun dépôt.

Vernis

Des vernis, nous avons déjà dit à peu près tout ce que nous avions à dire et, seule, l'expérience que nous avons indiquée apprendra ce qu'ils valent, car il ne faut pas se fier aux dénominations sous lesquelles ils sont vendus.

Ainsi le terme copal est applicable aux résines les plus différentes, et certaines espèces de copals sont extrêmement fragiles.

Le seul *copal* vraiment solide est le copal fossile, généralement appelé copal de Zanzibar.

Certaines préparations auxquelles il sert de base, telles que le siccatif flamand, ne portent pas son nom, tandis que des vernis appelés vernis au copal, sont composés avec les résines les plus mauvaises.

Enfin, même lorsque l'ambre ou les meilleurs copals sont employés pour un vernis, il reste une question à poser : celle de sa fabrication. Ces résines dures ne se dissolvant naturellement dans aucun liquide, il est nécessaire d'avoir recours au feu ou à des procédés chimiques pour obtenir leur dissolution et ces opérations, leur enlevant beaucoup de leurs qualités, doivent être très habilement conduites, sous peine de les rendre inférieures aux résines les plus tendres (1).

---

(1) Ceux qu'intéresserait l'étude si importante du vernis pourront consulter l'ouvrage très sérieux et très complet que M. Ach. Livache a écrit sur ce sujet.

Bonnes et mauvaises Couleurs

1° Couleurs a employer en toute sécurité lorsqu'elles sortent d'une maison sérieuse

Ocre rouge.
Rouge de Venise.
Rouge indien.
Rouge de Mars.
Rouge de Pouzzoles.
Jaune de Mars.
Vert émeraude.
Vert de chrome.
Bleu cæruleum.
Bleu de cobalt.
Brun de Mars.
Terre de Sienne brûlée.
Orangé de Mars.
Violet de Mars.
Violet minéral.
Brun Vibert (1).
Brun transparent (1).
Noir de vigne.
Noir brun d'os.
Blanc d'argent.

(1) Remplace le bitume.

2° Couleurs solides lorsqu'elles sont bien fabriquées, mais a expérimenter, surtout dans leurs mélanges avec le blanc d'argent.

Les bons *cadmiums* foncés et moyens n'altèrent pas le blanc d'argent mais doivent être soigneusement essayés dans ce mélange.

Les nuances claires contenant trop de soufre le noircissent en général et doivent être remplacées par le jaune de strontiane qui n'a aucune action sur lui.

Jaune de strontiane. — S'il est mal préparé, il verdit et fonce un peu lorsqu'il est employé pur.

Jaune indien. — Solide s'il est bien fabriqué, mais se dissout lorsqu'on le lave à l'eau, à moins d'être mélangé à du vernis.

Ocre jaune. — Cette couleur, réputée à tort une des plus solides, monte de ton si elle n'est pas très bien lavée.

Outremer. — Peut noircir le blanc, s'il n'est pas bien préparé.

Violet de cobalt. — A éviter dans les mélanges avec les couleurs contenant du fer (couleurs de Mars).

Noir d'ivoire. — Monte de ton dans les mélanges avec le blanc d'argent.

Blanc de zinc. — N'a pas l'inconvénient du blanc d'argent dans les mélanges, mais sèche très mal, couvre peu et s'écaille facilement.

Cette liste de couleurs vraiment inaltérables, bien qu'incomplète, pourrait répondre à tous les besoins du peintre si elle contenait des rouges un peu intenses.

Mais les seuls auxquels on puisse se fier, sans crainte, tels que le rouge de Venise, permettent difficilement d'atteindre la fraîcheur des fleurs et même de certaines carnations.

On est donc obligé de se contenter de deux couleurs imparfaitement solides mais indispensables :

Le *vermillon* et la *garance*.

Vermillon. — Le vermillon bien fabriqué est très rare aujourd'hui ; il résiste quelques mois au soleil sans être très altéré, tandis que ceux du commerce lui résistent à peine quelques jours et prennent le ton le plus hideux qu'on puisse imaginer, une sorte de brun sale et lourd, qui tourne au gris plombé dans les mélanges avec le blanc.

Si on retrouve des vermillons d'une certaine fraicheur dans les tableaux anciens, c'est qu'ils étaient de meilleure qualité et que, avec le dévernissage subi par les tableaux, la couche supérieure du vermillon, qui seule a noirci et qui est très fragile, est toujours enlevée.

Du reste, une des premières retouches du restaurateur consiste à raviver les rouges des lèvres et les roses des joues, en même temps qu'il nettoie le nez et repique les points brillants des yeux.

Il faut donc expérimenter avec beaucoup de soin cette mauvaise couleur et l'employer le moins possible.

Dans une draperie, elle sera très bien conservée par un glacis de garance dont la transparence rouge arrête les rayons chimiques qui la décompose.

Garances. — Les garances sont de bien plus belles couleurs, mais au lieu de noircir elles passent à la lumière.

Les plus solides : les garances moyennes et foncées gardent tout le charme de leur belle teinte et, lorsqu'elles sont employées en glacis suffisamment épais, elles peuvent être considérées comme presque inaltérables.

Malheureusement les glacis légers disparaissent assez vite et le blanc d'argent les mange encore plus rapidement.

Exemples : les draperies de la Vierge de François Ier, de Raphaël, ont perdu toute trace de rouge dans les clairs où la garance était mélangée avec du blanc, tandis que dans les ombres où elle était pure elle est parfaitement conservée.

Le teint si frais et les lèvres si roses de la Joconde, qui enthousiasmaient tant Vasàri, devaient être obtenus au moyen de cette charmante couleur mélangée au blanc et nous pouvons constater qu'elle a complètement disparu.

Seul le blanc de zinc n'a sur elle aucune action. Il semble même la protéger et sa plus grande utilité se trouverait dans cette particularité.

Couleurs à employer avec les plus grandes précautions

Deux couleurs, très éclatantes, peuvent être employées dans certains cas, mais elles ne supportent pour ainsi dire aucun mélange.

Le *rouge de Saturne* disparaît complètement au contact du blanc d'argent, et même de l'air. Il doit donc être verni fortement ou glacé quand il est bien sec. Il est alors très résistant.

Le *vert Véronèse* pur ou mélangé avec du jaune de strontiane est excessivement solide, mais il ne faut s'en servir qu'avec des pinceaux neufs, ne contenant pas traces d'autres couleurs, et à sec pour éviter son mélange avec elles, le vermillon, l'outremer, le cadmium le décomposant d'une façon effroyable.

L'éblouissant vert jaune obtenu par son mélange avec le cadmium se transforme en quelques jours en un noir intense.

Couleurs à supprimer de la palette

Toutes les couleurs à l'aniline,
Bitume, momie,
Terre verte,
Bleu de Prusse,
Bleu minéral,
Laques carminées,
Carmin de cochenille,
Jaunes de chrome,
Jaunes d'outremer et de zinc,
Vermillons et cinabres ordinaires,
Laque jaune,
Laque de gaude,
Cinabre vert,
Jaune de Naples,
Jaune brillant, etc., etc.

Toiles et Panneaux

La préparation des toiles ou des panneaux peut être faite soit à l'huile soit à la colle.

Sur toile, surtout, elle doit être peu épaisse afin d'éviter des craquelures désagréables.

Une couche de colle doit être passée d'abord, pour préserver la toile de l'huile qui la brûlerait.

La préparation doit être très claire.

Ainsi que nous l'avons dit, les dessous sombres reparaissent toujours et assombrissent la peinture.

Exemple : les peintures du Poussin, exécutées sur une préparation rouge foncé.

Tel est le résumé rapide d'observations faites pendant une vingtaine d'années au moyen de la méthode que nous avons préconisée.

Espérons qu'elles seront continuées et complétées par d'autres et qu'à l'avenir les peintres n'auront plus d'inquiétudes au sujet de la solidité des produits dont ils se servent, complication matérielle bien inutile quand elle vient s'ajouter aux difficultés que le peintre éprouve à rendre ses sensations et ses émotions.

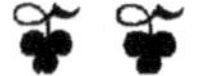

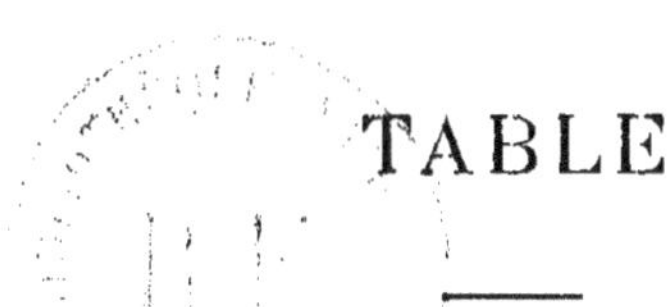

TABLE

PREMIÈRE PARTIE

VERNISSAGE DES TABLEAUX

DEUXIÈME PARTIE

RESTAURATION DES TABLEAUX

TROISIÈME PARTIE

COULEURS, HUILES ET VERNIS

14656. — Lib.-Imp. réunies, rue Saint-Benoît, 7, Paris.

www.ingramcontent.com/pod-product-compliance
Lightning Source LLC
LaVergne TN
LVHW020034170826
845678LV00001B/241